Tausendmal gerührt ...

Kochen von Anfang an

von
Malis Breuel-Steffens
Monika Wagener-Drecoll

Ernst Klett Verlag für Wissen und Bildung

Tausendmal gerührt . . .
Kochen von Anfang an

von

Malis Breuel-Steffens, Kursleiterin für Alphabetisierung und Elementarbildung
an der Volkshochschule Bremen

Monika Wagener-Drecoll, Pädagogische Mitarbeiterin für Alphabetisierung
und Elementarbildung an der Volkshochschule Bremen

Illustrationen:

Freia Weiss, Kursleiterin für Alphabetisierung und Elementarbildung,
grad. Grafikerin, Bremen

Titelvorschlag:

Joachim Graf, Kursleiter für Alphabetisierung und Elementarbildung an der
Volkshochschule Bremen

CIP-Titelaufnahme der Deutschen Bibliothek

Breuel-Steffens, Malis:
Tausendmal gerührt . . .: Kochen von Anfang an/
von Malis Breuel-Steffens; Monika Wagener-Drecoll.
– 1. Aufl. – Stuttgart: Klett Verlag für Wissen und Bildung, 1990.
   ISBN 3-12-554850-0
NE: Wagener-Drecoll, Monika:

1. Auflage   1 4 3 2 1 | 1993 92 91 90
© Ernst Klett Verlag für Wissen und Bildung GmbH, Stuttgart 1990.
Alle Rechte vorbehalten.
Druck: Stuttgarter Druckerei GmbH. Printed in Germany.
ISBN 3-12-554850-0

Inhaltsverzeichnis

Seite

Küchengeräte, die man braucht,
wenn man mit diesem Kochbuch kochen möchte:

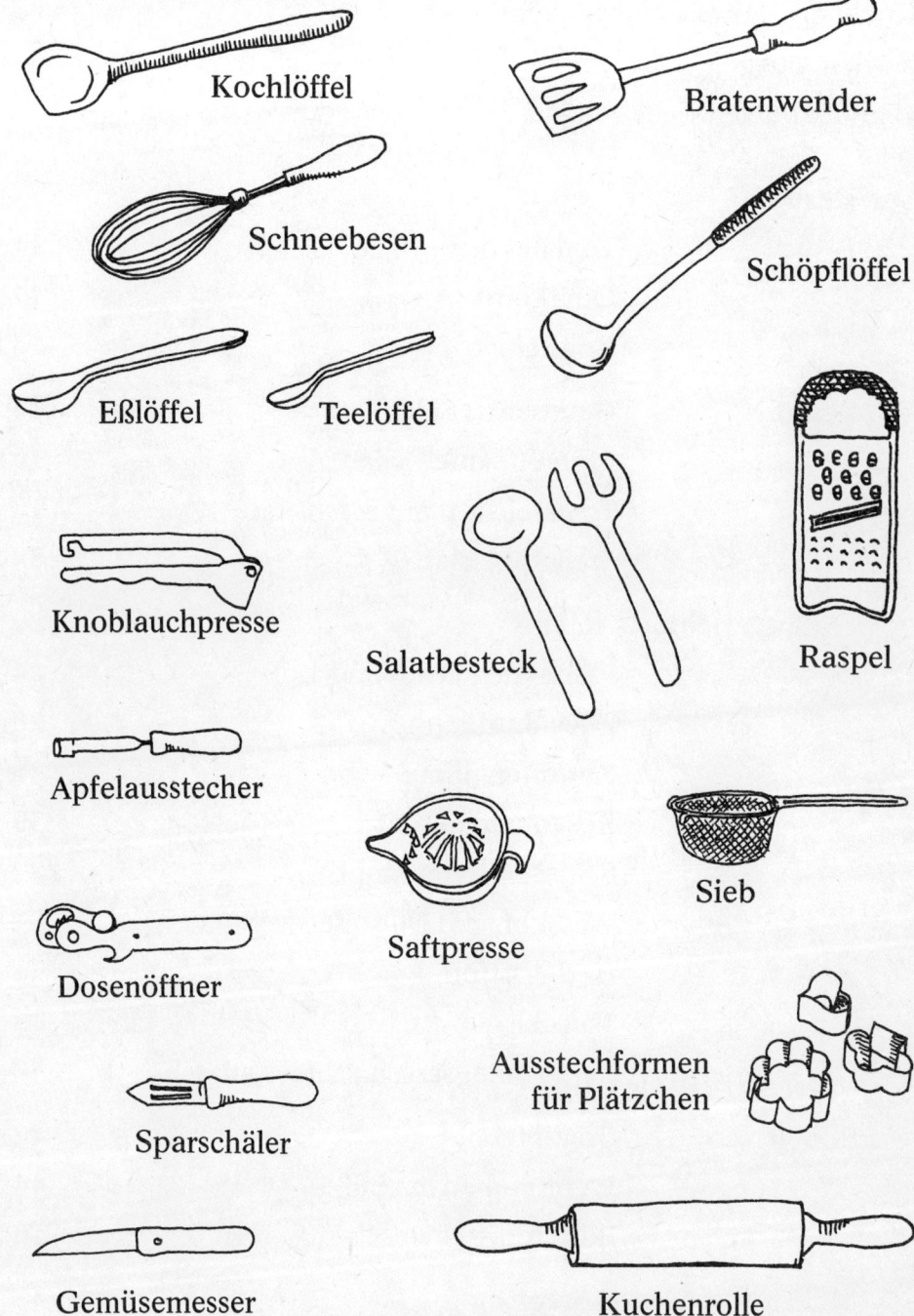

Kochlöffel

Bratenwender

Schneebesen

Schöpflöffel

Eßlöffel   Teelöffel

Knoblauchpresse

Salatbesteck

Raspel

Apfelausstecher

Sieb

Saftpresse

Dosenöffner

Ausstechformen
für Plätzchen

Sparschäler

Gemüsemesser

Kuchenrolle

Küchenbrett

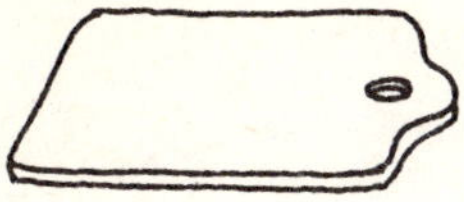

Sieb

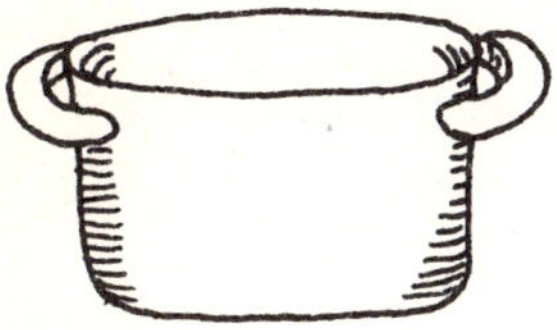

großer Topf

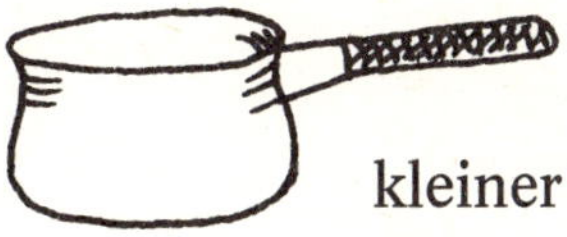

kleiner Topf

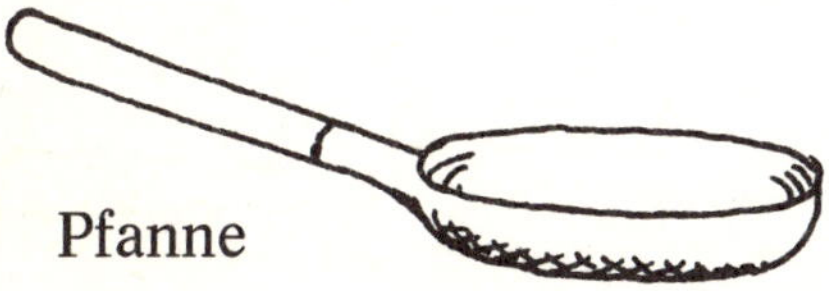

Pfanne

Auflaufform

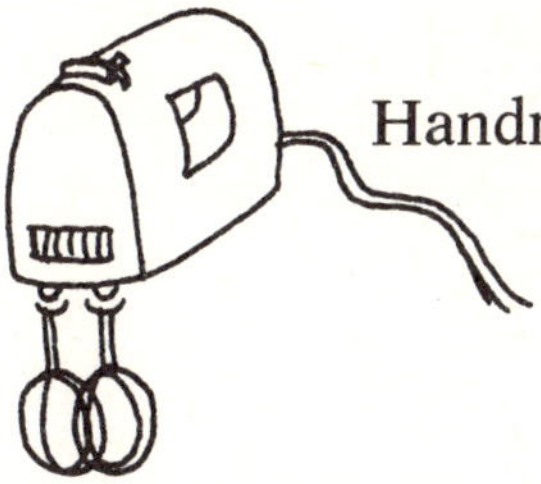

Backblech

Handmixer

Uhr

Schüsseln

Zu den Mengen in diesem Buch:

normale Kaffeetasse

1 Teelöffel

1 Eßlöffel

Gemüse putzen – wie geht das?

Gurke

Gurke sehr gründlich
waschen. Die beiden
Enden abschneiden.

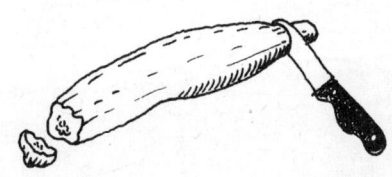

Die Gurke der Länge nach mit dem
Sparschäler oder einem Messer schälen.
Dann verarbeiten, wie es im Rezept steht.

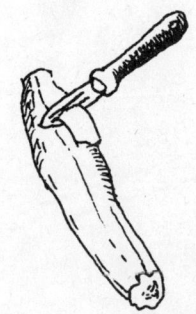

Knoblauch

Einzelne Zehe aus der
Knolle brechen.

Mit einem scharfen Küchenmesser
das obere Ende der Zehe abschneiden und
die trockene Haut abschälen.

Die geschälte Zehe durch
eine Knoblauchpresse
drücken oder sehr fein
hacken.

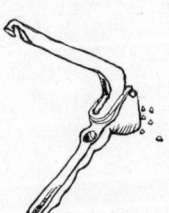

> **Wichtig für jedes Gemüse:**
> - frische Ware kaufen
> - kühl lagern
> - schnell verbrauchen
> - kurz und gründlich waschen

Kohlrabi

Kohlrabi abschälen und
die holzigen Stellen
entfernen.

Kurz unter fließendem Wasser waschen.
Dann verarbeiten, wie es im Rezept steht.

Lauch

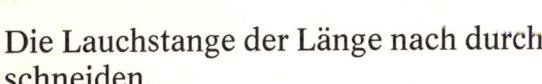

Die Wurzel der Lauchstange
abschneiden.

Den oberen Teil der dunkelgrünen
Blätter wegschneiden.

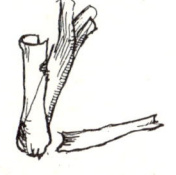

Die äußeren schlechten
Blätter entfernen.

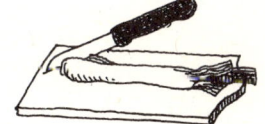

Die Lauchstange der Länge nach durch-
schneiden.

Unter fließendem Wasser
sehr gründlich waschen –
auch zwischen den einzelnen Blättern!

Dann in Streifen schneiden.

Möhren

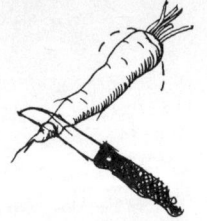 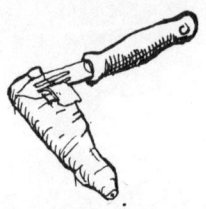 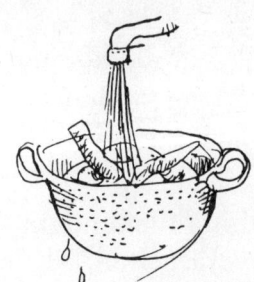

Die beiden Enden der Möhren
abschneiden und die Möhren
mit dem Sparschäler oder
einem Messer schälen.

Dann waschen und verarbeiten,
wie es im Rezept steht.

Petersilie

Petersilie waschen
und abtrocknen.

Die Stiele entfernen und die
restliche Petersilie kleinhacken.

Rosenkohl

Bei jedem einzelnen
Rosenkohl auf
Läuse achten.

Die äußeren
schlechten Blätter
entfernen.

Vom Stiel eine
dünne Scheibe abschneiden.

Den Rosenkohl waschen.

Salat

Vom Salatkopf die
äußeren schlechten
Blätter entfernen.

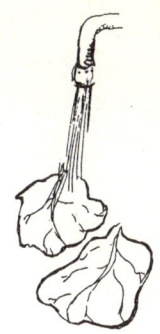

Dann die übrigen Blätter einzeln unter fließendem
kalten Wasser waschen.

Salatblätter gut abtropfen
lassen.

Schnittlauch

Schnittlauch unter fließendem
Wasser waschen.

Auf Haushaltspapier
abtrocknen.

Dann mit einem scharfen
Messer in kleine Röllchen
schneiden.

Tomaten

Tomaten gründlich
waschen.

Den Stielansatz mit
einem scharfen Messer
herausschneiden.

Die Tomaten in Scheiben schneiden.

Weißkohl

Vom Weißkohl die
schlechten Blätter
entfernen.

Den Kohl waschen und
dann in vier Stücke schneiden. Den Strunk entfernen.

Den Kohl in feine Streifen
schneiden oder raspeln.

Zucchini

Zucchini waschen, abtrocknen und
die beiden Enden
abschneiden.

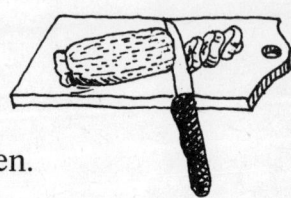

Dann in Scheiben schneiden.

Zwiebeln

Zwiebeln schälen und
zerschneiden, wie es
im Rezept steht.

*Je kürzer das Gemüse
gekocht wird,
desto mehr Vitamine
bleiben erhalten.*

10

Tomatenbrot

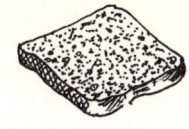
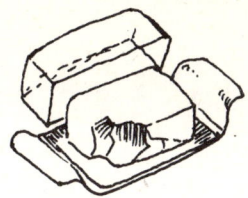

1 Scheibe Vollkornbrot
etwas Butter
1 große Tomate
eine halbe Zwiebel
etwas Salz

1. Das Vollkornbrot mit
Butter bestreichen.

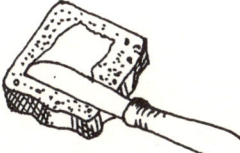

2. Die Tomate
waschen und
in Scheiben
schneiden.

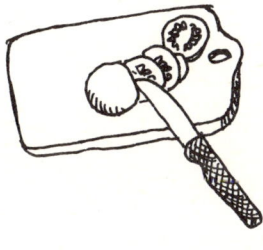

3. Die Zwiebel schälen und
einige dünne Ringe schneiden.

4. Die Tomaten auf das
Brot legen.
Die Zwiebelringe auf
den Tomaten verteilen
und das Tomatenbrot
ganz leicht salzen.

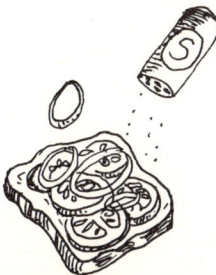

Quarkbrot

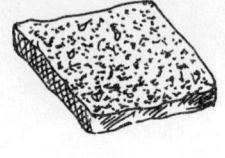
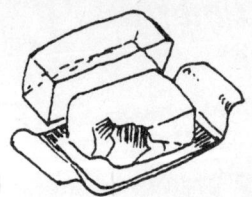

1 Scheibe Vollkornbrot
etwas Butter
etwas Quark
etwas Salz
4 Radieschen
etwas Schnittlauch

1. Das Vollkornbrot
erst mit Butter
und dann mit dem
Quark bestreichen,
leicht salzen.

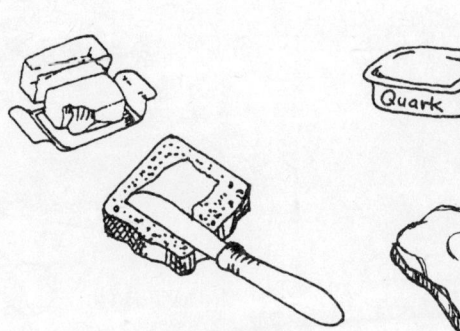

2. Die Radieschen und den
Schnittlauch waschen.

3. Die Radieschen in dünne Scheiben
schneiden. Den Schnittlauch in kleine
Röllchen schneiden.

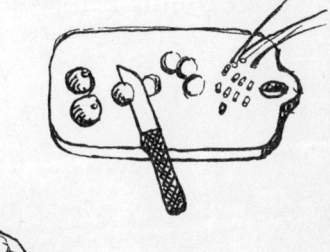

4. Die Radieschen auf das
Quarkbrot legen und mit
dem Schnittlauch bestreuen.

Kohlrabibrot

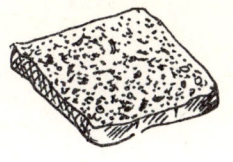
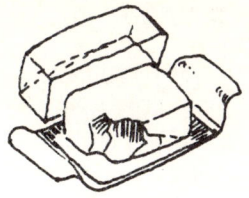

1 Scheibe Vollkornbrot
etwas Butter
1 Kohlrabi
1 Teelöffel geriebene
   Haselnüsse

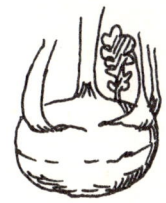

1. Das Vollkornbrot mit Butter
bestreichen.

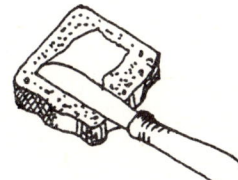

2. Ein Stück Kohlrabi
herausschneiden.
Das Kohlrabistück
schälen, waschen
und in dünne
Scheiben schneiden.

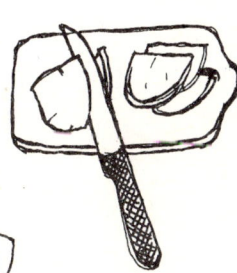

3. Die Kohlrabischeiben
auf das Brot legen und
mit den geriebenen
Haselnüssen
bestreuen.

*Den Rest des Kohlrabi
in dickere Scheiben
schneiden.
Sie eignen sich gut
als kleine Knabberei
zwischendurch
und sind viel gesünder
als Süßigkeiten.*

Gemischter Salat

(für 2 Personen)

1 kleiner Kopf Salat
2 Tomaten
eine halbe Gurke
1 Bund Schnittlauch
2 Eier

4 Eßlöffel Öl
2 Eßlöffel Essig
etwas Salz und Pfeffer

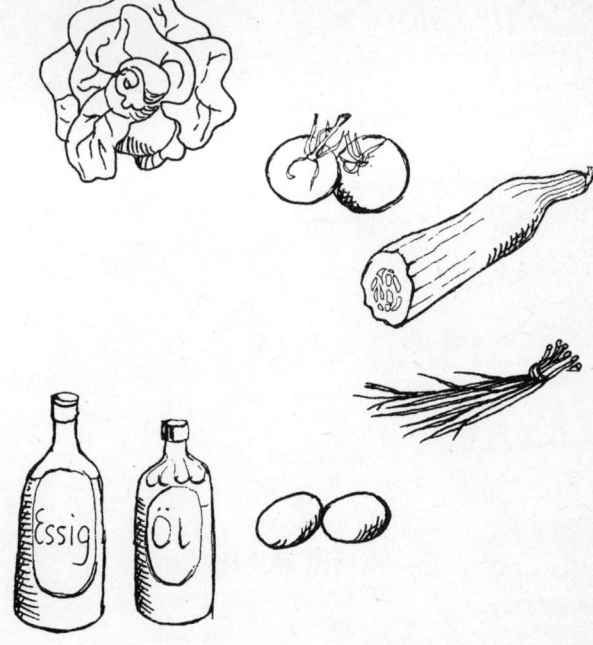

1. Salat, Tomaten, Gurke und
Schnittlauch waschen.

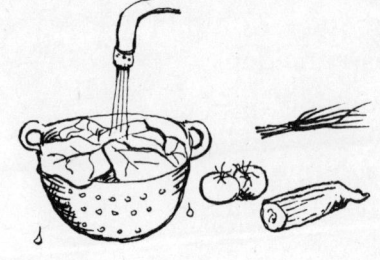

2. Die Eier 10 Minuten kochen.

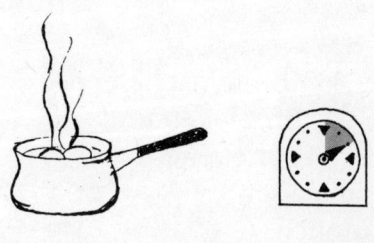

3. Heißes Wasser abgießen.
Dann die Eier unter
kaltes Wasser halten.
Die kalten Eier abpellen.

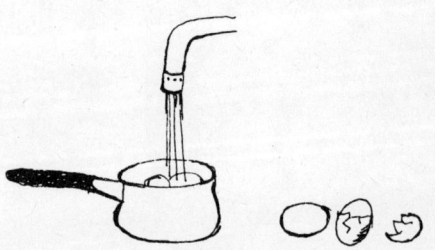

14

4. Tomaten und Gurke in Scheiben schneiden.

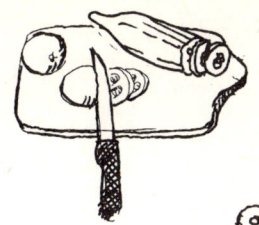

5. Die Salatblätter in Stücke reißen und mit Tomaten- und Gurkenscheiben in eine große Schüssel geben.

6. In einer kleinen Schüssel die Soße aus Öl, Essig, Salz und Pfeffer rühren.

7. Schnittlauch kleinschneiden und auch zu der Soße geben.

8. Die Soße über den Salat gießen und vorsichtig umrühren.

9. Die hartgekochten Eier kleinschneiden und auf dem Salat verteilen.

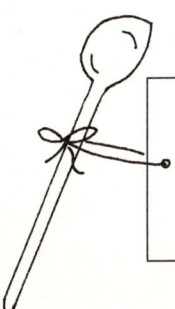

Rohkost ist gesund und hält fit.

Die andere Hälfte der Gurke kann man für Tsatsiki verwenden.
(Rezept auf Seite 38)

Möhren-Apfel-Salat

(für 2 Personen)

250 Gramm Möhren
Saft von einer halben Zitrone
1 Becher saure Sahne
etwas Salz
etwas Pfeffer
1 Eßlöffel Honig
1 kleiner Apfel

1. Die Möhren waschen und schälen.

 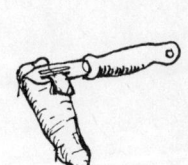

2. Die Möhren in einer Schüssel fein raspeln.

3. Die geraspelten Möhren mit dem Zitronensaft begießen.

4. In einer kleinen Schüssel die saure Sahne mit Salz, Pfeffer und Honig kräftig verrühren.

5. Die Soße über die Möhren gießen und kräftig umrühren.

6. Den Apfel waschen und vierteln.

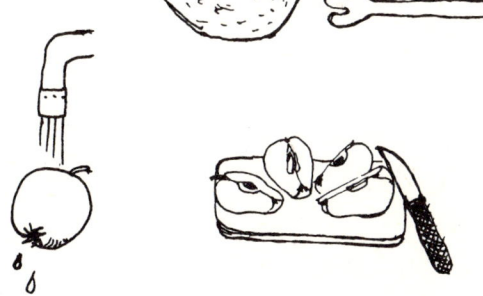

7. Das Kerngehäuse entfernen und die Viertel in Scheiben schneiden.

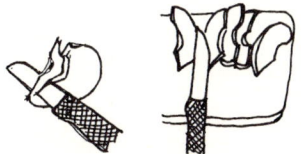

8. Die Apfelscheiben am Schüsselrand auf den Möhren verteilen.

Dazu schmeckt Vollkornbrot mit Butter.

Tomatensalat mit Schafskäse

(für 2 Personen)

2 Fleischtomaten
100 Gramm Schafskäse

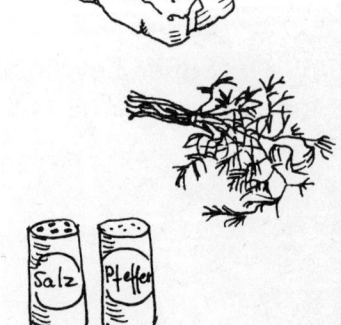

1 Bund Dill
etwas Salz und Pfeffer
1 Eßlöffel Zitronensaft
3 Eßlöffel Öl

1. Die Tomaten waschen und
die Stielansätze heraus-
schneiden.

2. Die Tomaten in Scheiben
schneiden und in eine flache
Schüssel legen.

3. Den Schafskäse über die
Tomaten bröckeln.

4. Den Dill abzupfen und
kleinhacken.

5. In einer kleinen Schüssel
Salz, Pfeffer, Zitronensaft und Öl
verrühren und
den Dill dazugeben.

6. Die Soße über Tomaten und Schafskäse
gießen.

7. Vorsichtig
umrühren.

*Tomatenzeit
ist im Sommer.*

Weißkohlsalat

(für 2 Personen)

1 sehr kleiner Kopf Weißkohl
1 Eßlöffel Öl
1 Eßlöffel Zitronensaft
etwas Salz
2 Eßlöffel flüssigen Honig
1 Becher saure Sahne

ein halber Apfel
2 Eßlöffel grob gehackte Haselnüsse

1. Den Weißkohl halbieren.
Eine Hälfte putzen, waschen und
in sehr feine Streifen schneiden.

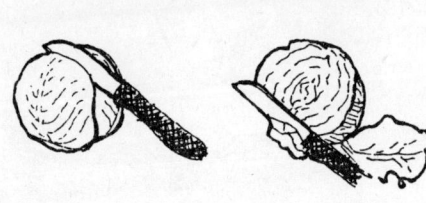

2. In einer Salatschüssel
Öl, Zitronensaft, Salz, Honig
und Sahne verrühren.

 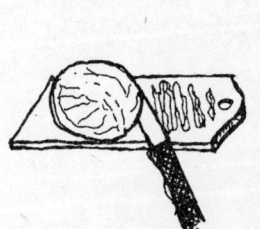 

3. Den Weißkohl in die Soße geben.

4. Den Apfel waschen, halbieren und eine Hälfte in kleine Stücke schneiden. Vorher das Kerngehäuse entfernen.

5. Die Apfelstücke mit dem Salat vermischen.

6. Die Haselnüsse darüberstreuen.

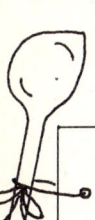

Weißkohl ist am billigsten im Herbst und im Winter.

Die andere Hälfte des Kohls kann man für Weißkohl mit Dillsoße verwenden. (Rezept auf Seite 34)

Apfelreis

(für 2 Personen)

Eine und eine halbe Tasse Milchreis
1 Teelöffel Butter
6 Tassen Milch
etwas Salz
1 Fläschchen „Backöl Zitrone"
2 Eßlöffel Zucker

2 Äpfel
1 Eßlöffel Butter
etwas Zimt
1 Eßlöffel Zucker

1. Den Reis in einem Sieb
unter fließendem Wasser waschen.

2. In einem hohen Topf
etwas Butter schmelzen.

3. Dann die Milch mit Salz,
„Backöl Zitrone" und
Zucker in den Topf geben
und zum Kochen bringen.

4. Den Reis in den Topf schütten und auf kleinster Stufe 20 Minuten ganz leicht kochen lassen. Vorsicht! Die Milch kocht leicht über und brennt schnell an!

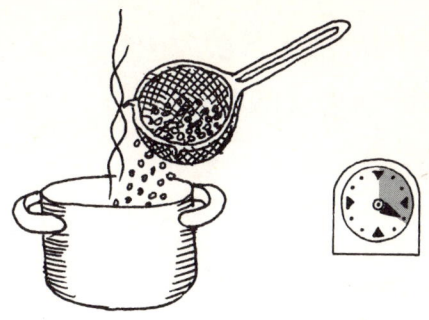

5. Die Äpfel waschen, schälen und in Stücke schneiden. Das Kerngehäuse entfernen.

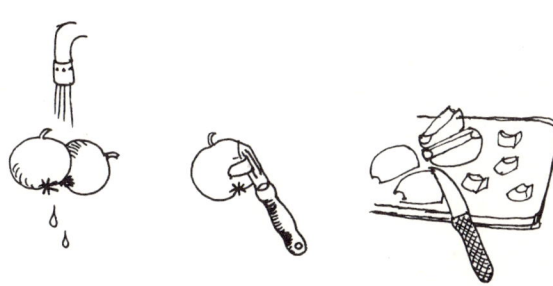

6. Die Apfelstücke zu dem Reis in den Topf geben und vorsichtig umrühren. Alles zusammen noch 30 Minuten weichkochen.

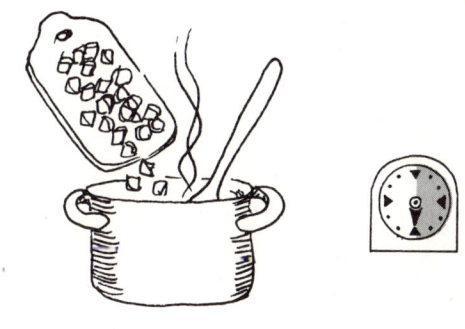

Wer mag, kann auch noch Rosinen dazugeben.

7. Dann den Eßlöffel Butter unterrühren und mit wenig Zimt und 1 Eßlöffel Zucker bestreuen.

Pfannkuchen mit Speck

(für 2 Personen)

4 Eier
4 gehäufte Eßlöffel Mehl
   oder Vollkornmehl
1 Tasse Milch
eine halbe Tasse Wasser
4 Scheiben Schinkenspeck

etwas Margarine

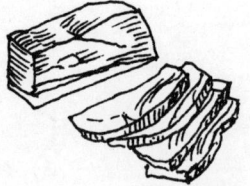

1. In einer großen Schüssel
die Eier mit einem Schneebesen
verschlagen.

2. Das Mehl einrühren.

3. Die Milch und
das Wasser mit der
Eiermasse verrühren.

4. Den Schinkenspeck in Streifen schneiden.

5. In einer großen Pfanne etwas Margarine erhitzen.

6. Die Pfanne von der Platte nehmen und vorsichtig mit einem Schöpflöffel die Hälfte des Teigs hineingeben.

7. Die Hälfte des Schinkenspecks auf dem Teig verteilen. Den Pfannkuchen bei kleiner Hitze backen, bis die Unterseite hellbraun ist.

8. Den Pfannkuchen wenden und von der anderen Seite ebenfalls hellbraun werden lassen.

Den zweiten Pfannkuchen genauso backen.

Den Speck kann man weglassen und den fertigen Pfannkuchen auch mit Marmelade oder Apfelmus bestreichen.

Zucchini-Pfanne

(für 2 Personen)

2 Zwiebeln
1 Knoblauchzehe
500 Gramm Zucchini
1 Eßlöffel Margarine
1 große Tomate
etwas Salz und Pfeffer
4 Eier
1 Bund Petersilie
3 Eßlöffel geriebener Käse aus der Tüte

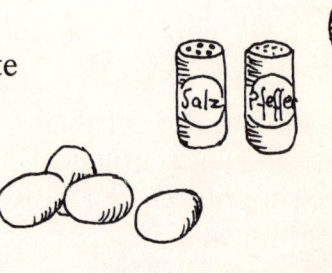

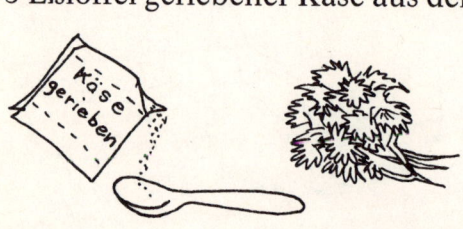

1. Die Zwiebeln schälen und in Ringe
schneiden. Knoblauch schälen und fein
hacken. Zucchini waschen und
in Scheiben schneiden.

2. Die Margarine in einer
großen Pfanne erhitzen und
das Gemüse darin anbraten.

3. Die Tomate waschen,
in kleine Stücke schneiden
und in die Pfanne geben.

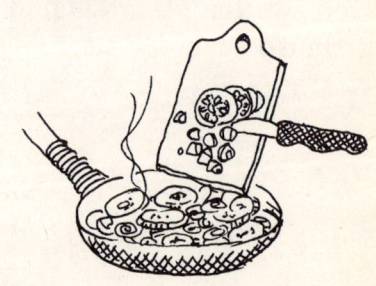

4. Das Gemüse mit Salz und Pfeffer würzen und 5 Minuten bei kleiner Hitze schmoren lassen.

5. Die Eier mit etwas Salz kräftig verrühren. Die Petersilie gut waschen, hacken und auch dazutun.

6. Die Eiermasse über das Gemüse gießen.

7. Dann mit dem geriebenen Käse bestreuen.

8. Deckel drauf und die Eiermasse 8 Minuten bei kleiner Hitze fest werden lassen.

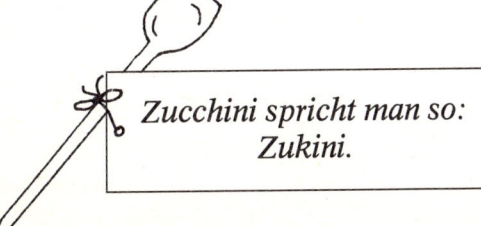

Zucchini spricht man so: Zukini.

Kartoffelauflauf

(für 2 Personen)

500 Gramm Kartoffeln
etwas Salz und Pfeffer
1 Stange Lauch (200 Gramm)
1 kleines Paket Magerquark
ein halber Becher saure Sahne
2 Eier
eine Handvoll Erdnußkerne
3 Eßlöffel Dosenmilch oder Sahne

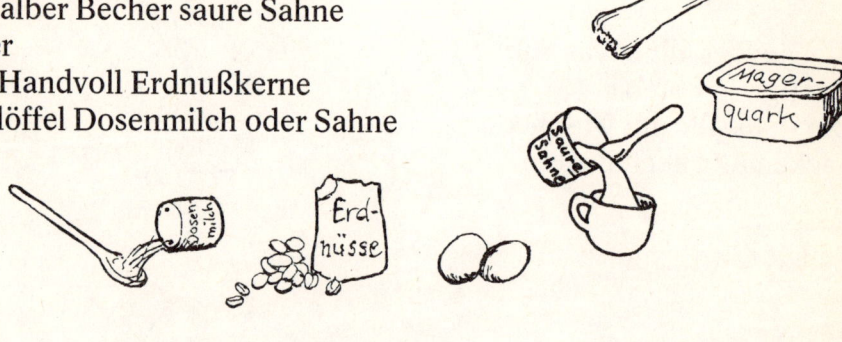

1. Die Kartoffeln schälen, waschen
und in dünne Scheiben schneiden.
In eine Schüssel geben, mit Salz und Pfeffer würzen.

2. Den Lauch putzen,
waschen und in feine Streifen
schneiden.

3. Die Hälfte der Kartoffeln in
eine Auflaufform geben,
den Lauch darauflegen und dann
die restlichen Kartoffeln darauf
verteilen.

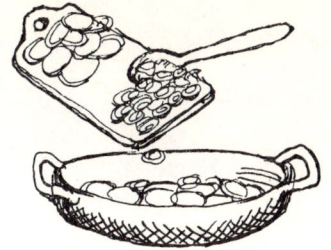

4. In einer kleinen Schüssel
den Quark mit der sauren Sahne
und den Eiern verrühren,
salzen und pfeffern.

5. Die Quarkmasse auf den
Kartoffeln verteilen.

6. Die Erdnußkerne über den Auflauf
streuen und die Dosenmilch
darübergießen.

7. Die Auflaufform in den
kalten Backofen stellen und
den Auflauf bei 180 Grad
30 Minuten backen.

8. Dann den Auflauf mit Alufolie abdecken
und noch einmal 30 Minuten backen.

Dazu paßt gut grüner Salat.

Rosenkohleintopf

(für 4 Personen)

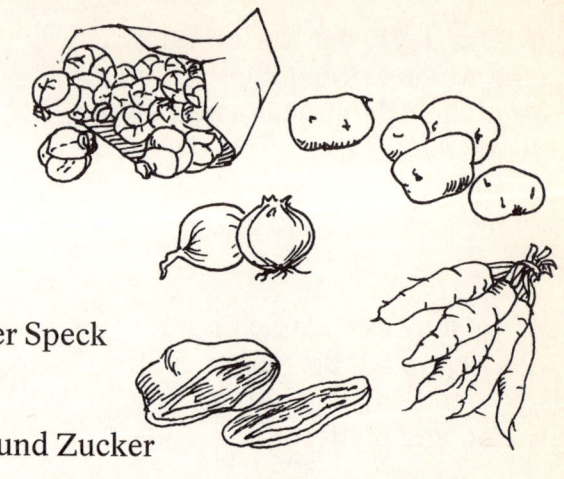

500 Gramm Rosenkohl
500 Gramm Kartoffeln
250 Gramm Möhren
2 Zwiebeln

100 Gramm durchwachsener Speck
1 Eßlöffel Öl
heißes Wasser
etwas Salz, Pfeffer, Muskat und Zucker

250 Gramm Hackfleisch
2 Eßlöffel Paniermehl
1 Ei
etwas Salz und Pfeffer

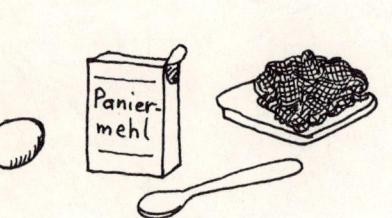

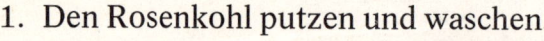

1. Den Rosenkohl putzen und waschen.

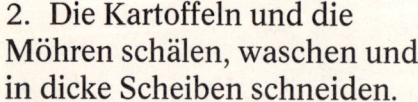

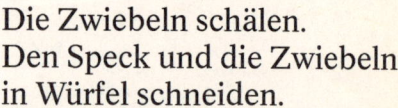

2. Die Kartoffeln und die Möhren schälen, waschen und in dicke Scheiben schneiden.

Die Zwiebeln schälen. Den Speck und die Zwiebeln in Würfel schneiden.

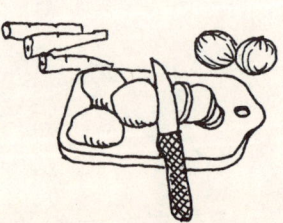

3. Zuerst den Speck mit dem Öl in einem großen Topf anbraten. Dann die Zwiebeln noch kurz mitbraten.

4. Rosenkohl, Kartoffeln und Möhren auch in den Topf geben und so viel heißes Wasser dazugießen, daß das Gemüse bedeckt ist.

5. Den Eintopf mit Salz, Pfeffer, Muskat und Zucker abschmecken. Den Topf schließen. 30 Minuten bei kleiner Hitze kochen lassen.

6. In der Zwischenzeit Hackfleisch, Paniermehl und das Ei vermengen. Mit Salz und Pfeffer abschmecken.

7. Aus der 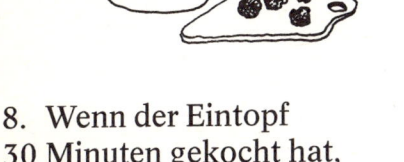 Fleischmasse 12–15 kleine Klöße formen.

8. Wenn der Eintopf 30 Minuten gekocht hat, die Klöße dazugeben und noch 10 Minuten mitgaren lassen.

Scharfer Bohnentopf

(für 2 Personen)

1 Zwiebel
2 Knoblauchzehen
250 Gramm Hackfleisch
2 kleine Dosen rote Bohnen
1 kleine Dose Tomaten

2 Eßlöffel Öl
etwas Salz, Pfeffer und Paprika
etwas Cayenne-Pfeffer

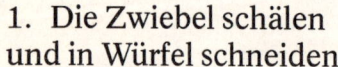

Cayenne spricht man so: Kajenn.

Achtung!
Das ist sehr scharfer Pfeffer!

1. Die Zwiebel schälen
und in Würfel schneiden.

2. Die Knoblauchzehen
schälen und sehr fein würfeln
oder durch die Knoblauchpresse
drücken.

3. Das Öl in einem hohen
Topf erhitzen.

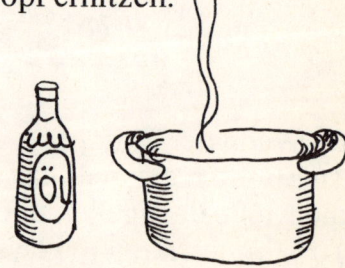

4. Zwiebeln und Knoblauch
in dem Öl kurz braten.
Nicht braun werden lassen!

5. Das Hackfleisch dazugeben
und alles anbraten. Dabei ständig rühren.

6. Die roten Bohnen und
die Tomaten mit dem Saft auch
in den Topf schütten.

7. Den Eintopf mit Salz,
Pfeffer, Paprika und Cayenne-
Pfeffer sehr scharf würzen.

8. Alles 30 Minuten kochen
lassen. Vielleicht noch etwas
Wasser nachgießen, wenn der
Eintopf zu dick wird.

Weißkohl mit Dillsoße

(für 2 Personen)

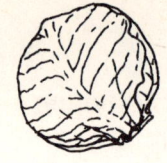

Ein sehr kleiner Kopf Weißkohl
1 Zwiebel
2 Eßlöffel Öl
etwas Salz und Pfeffer
ein halber Becher Sahne
1 Bund Dill

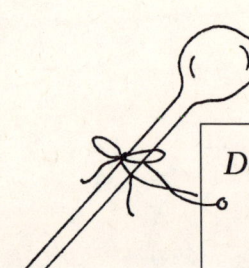

*Den Rest des Weißkohls kann man
vielleicht für Salat verwenden.
(Rezept auf Seite 20)*

1. Den Weißkohl halbieren.
Eine Hälfte putzen, waschen und
in feine Streifen schneiden.

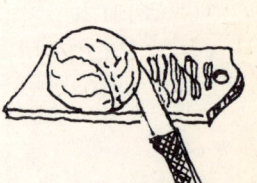

2. Die Zwiebel schälen und
würfeln.

3. Das Öl in einem Topf erhitzen.

4. Weißkohl und Zwiebeln
im Öl kurz anbraten und
dabei umrühren.

5. Dann alles salzen und pfeffern und
die Sahne über das Gemüse geben.

6. Den Topf schließen und
das Gemüse bei kleiner Hitze
20 Minuten schmoren lassen.

7. Zum Schluß den Dill fein
hacken und mit dem Weißkohl verrühren.

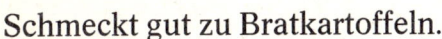

Schmeckt gut zu Bratkartoffeln.

Heringsstipp

(für 2 Personen)

6 Matjesfilets
1 saure Gurke
1 Apfel
2 Zwiebeln

2 Becher Sahne
etwas Zucker
etwas Pfeffer
1 Eßlöffel Essig

1. Die Matjesfilets kurz unter kaltem Wasser abspülen, mit Haushaltspapier abtrocknen und danach in Streifen schneiden.

2. Die Gurke würfeln.

3. Den Apfel waschen, schälen und in Stückchen schneiden.

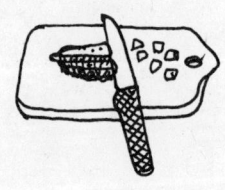

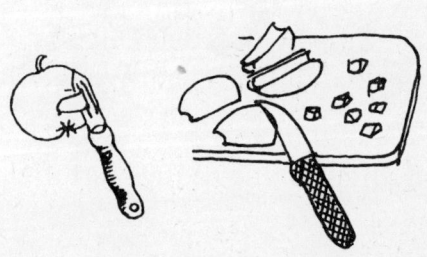

4. Die Zwiebeln schälen und
in Ringe schneiden.

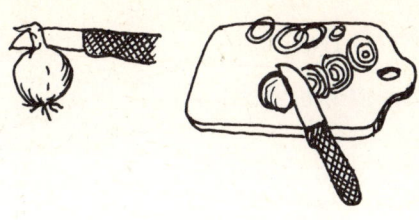

5. Matjes, Apfel, Gurke und
Zwiebel in eine Schüssel geben.

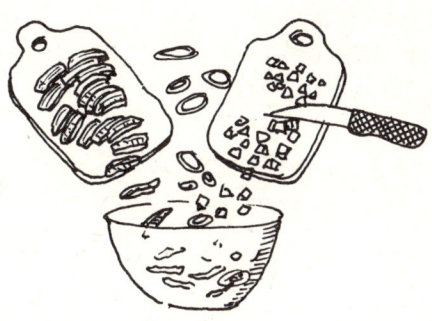

6. In einer kleinen Schüssel
Sahne, Zucker, Pfeffer und
Essig verrühren.

7. Diese Soße über die Matjes
geben und vorsichtig umrühren.

Dazu schmecken Pellkartoffeln
am besten.

*Der Heringsstipp
schmeckt besonders gut,
wenn er einen Tag vorher
zubereitet wird.*

Tsatsiki

(für 2 Personen)

1 Paket Sahnequark
(250 Gramm)
1 Paket Magerquark
(250 Gramm)
eine halbe Gurke
2 Knoblauchzehen
etwas Salz und Pfeffer

Tsatsiki spricht man so: Zaziki.

Die andere Hälfte der Gurke
für den gemischten Salat verwenden.
(Rezept auf Seite 14)

1. Den Quark in einer Schüssel
mit dem Schneebesen verrühren.

2. Die halbe Gurke waschen, das
Ende abschneiden und schälen.

3. Dann grob raspeln und
leicht salzen.

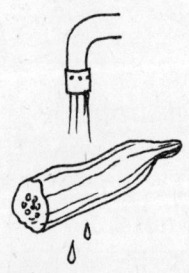
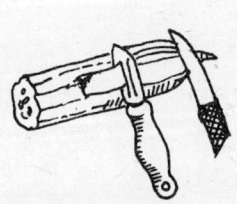

4. Die geraspelte Gurke
mit den Händen zusammen-
drücken, so daß der Saft
herausläuft.

5. Die ausgedrückten Gurken-
stückchen zu dem Quark in die
Schüssel geben.

6. Die Knoblauchzehen
schälen, durch die Knoblauchpresse drücken oder sehr fein
hacken.

7. Den Knoblauch zu Quark
und Gurke in die Schüssel
geben, umrühren und mit Salz
und Pfeffer abschmecken.

Dazu passen türkisches Brot
oder Pellkartoffeln.

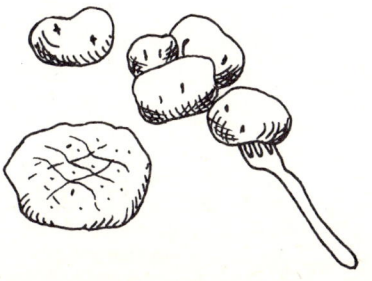

Ein Sonntagsessen: Rindergulasch

(für 2 Personen)

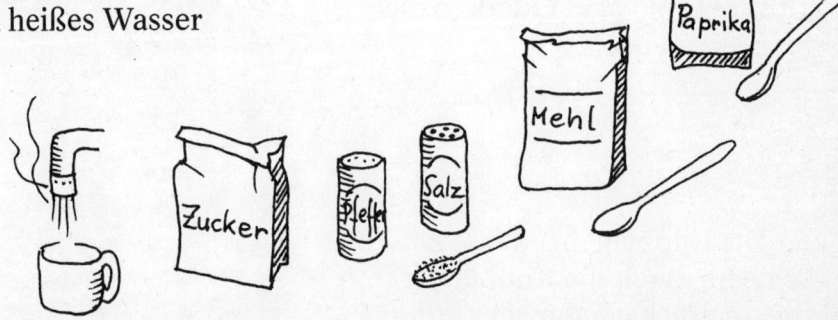

3 große Zwiebeln
3 Eßlöffel Öl
400 Gramm Rindergulasch, fertig geschnitten
1 Eßlöffel Paprikapulver
1 gehäufter Eßlöffel Mehl
1 Teelöffel Salz
etwas Pfeffer und Zucker
3 Tassen heißes Wasser

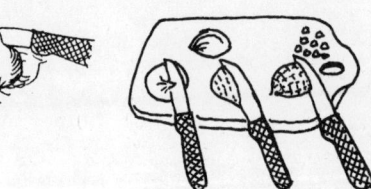

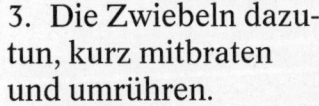

1. Die Zwiebeln schälen und in Würfel schneiden.

2. In einem großen Topf das Öl sehr heiß werden lassen. Dann das Gulasch hineingeben und von allen Seiten braun anbraten. Dabei umrühren.

3. Die Zwiebeln dazutun, kurz mitbraten und umrühren.

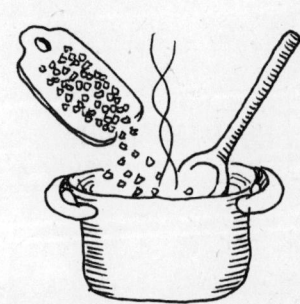

4. Dann das Paprikapulver
und das Mehl darüberstreuen.
1 Teelöffel Salz und etwas
Pfeffer und Zucker
zugeben.

5. Das Wasser zugießen,
umrühren und
aufkochen lassen.

6. Die Kochplatte auf kleine Hitze schalten.

7. Den Topf schließen und
das Gulasch 2 bis 3 Stunden
ganz leicht kochen lassen.

8. Abschmecken mit Salz, Pfeffer
und Paprika.

*Wer die Soße verfeinern möchte,
kann noch einen Schuß Sahne
dazugeben.*

Dazu passen Kartoffeln und Erbsen und Möhren.

Bratäpfel

(für 2 Personen)

2 Äpfel, am besten Boskop
2 Eßlöffel Rosinen
1 Eßlöffel geriebene Haselnüsse
1 Eßlöffel gehackte Mandeln
1 Eßlöffel Honig

1 Tüte Vanillesoße (ohne Kochen)
eine und eine halbe Tasse Milch

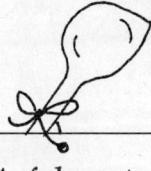

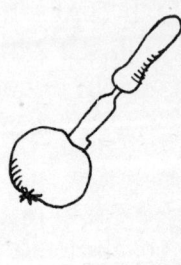

1. Die Äpfel waschen, n i c h t schälen.
Mit dem Ausstecher das Kerngehäuse
entfernen.

*Was ein Apfelausstecher ist,
steht auf Seite 4!*

2. Die Rosinen waschen.

3. In einer kleinen Schüssel
Rosinen, Haselnüsse, Mandeln
und Honig vermischen.

4. Die Masse mit einem Teelöffel
in die Äpfel einfüllen.

5. Die Äpfel in eine Auflaufform setzen und bei 160 Grad
im Backofen etwa 45 Minuten
backen.

Dazu gehört Vanillesoße:

6. Die Milch in eine hohe
Schüssel gießen, das Soßen-
pulver dazutun und beides mit
dem Schneebesen verrühren.

7. Die Soße über die heißen
Äpfel gießen.

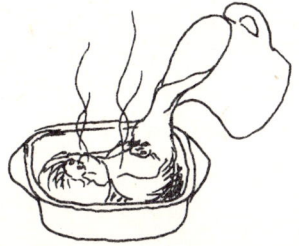

Weintrauben mit Soße

(für 2 Personen)

1 Handvoll blaue Weintrauben
1 Handvoll grüne Weintrauben
1 Tüte Mandelsplitter (40 Gramm)
Saft von 1 Zitrone
2 Eßlöffel Zucker
ein halber Becher Sahne
1 Tüte Vanillinzucker

1. Die Weintrauben gut waschen,
abzupfen und halbieren.
Die dicken Kerne entfernen.

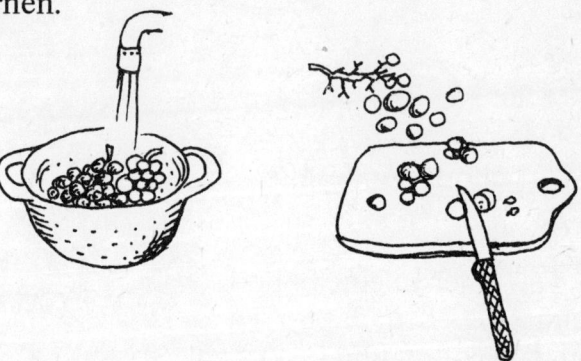

2. Die Weintrauben
in einer Schüssel mit den
Mandelsplittern mischen.

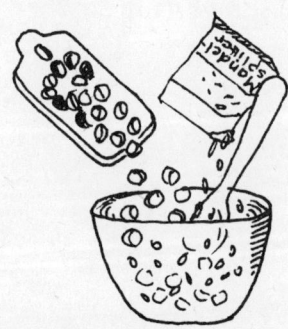

3. Das Obst auf 2 kleine
Schalen verteilen.

4. Den Zitronensaft mit dem
Zucker verrühren.

5. Den Saft über die Weintrauben gießen.

6. Die Sahne mit dem Vanillinzucker halbsteif schlagen.

7. Die Sahne auf die Weintrauben geben.

*Weintrauben schmecken
im Herbst am besten.*

Butterplätzchen

(ergibt 2 Bleche)

Drei Viertel Paket Butter
1 Tasse Zucker
1 Ei
3 und eine halbe Tasse Mehl
1 Päckchen Vanillinzucker
etwas Salz
1 Teelöffel Zitronensaft
etwas Butter zum Einfetten

1. In einer großen Schüssel die Butter schaumig rühren.

2. Den Zucker und den Vanillinzucker dazutun und kräftig weiterrühren.

3. Das Ei dazugeben und auch verrühren.

4. Dann das Mehl, das Salz und den Zitronensaft dazutun.

5. Alles zu einem Teig verkneten
und dann den Teig
eine halbe Stunde
in den Kühlschrank
stellen.

6. Eine Arbeitsplatte mit Mehl
bestreuen.

7. Danach den Teig mit einer Kuchenrolle
(oder mit einer leeren Flasche) auf dem Mehl
dünn ausrollen und Formen ausstechen.

Wer keine Förmchen
zum Ausstechen hat,
kann auch ein Schnapsglas
benutzen.

8. Ein Backblech mit Butter einfetten,
dann die Plätzchen darauflegen.

9. Den Backofen auf 180 Grad
erhitzen und die Plätzchen
10 bis 15 Minuten backen.

Mein besonderes Rezept:

_____

_____

_____

_____

_____

_____

_____

_____

_____

_____

_____

_____

*Auf dieser Seite ist Platz,
um ein besonderes Rezept
selbst aufzuschreiben.*